BEI GRIN MACHT SICH IHR WISSEN BEZAHLT

AF125613

- Wir veröffentlichen Ihre Hausarbeit, Bachelor- und Masterarbeit

- Ihr eigenes eBook und Buch - weltweit in allen wichtigen Shops

- Verdienen Sie an jedem Verkauf

Jetzt bei www.GRIN.com hochladen und kostenlos publizieren

Jennifer Böker

Analyse der „Musikalischen Exequien" von Heinrich Schütz auf Elemente einer Begräbnismesse

GRIN Verlag

Bibliografische Information der Deutschen Nationalbibliothek:

Die Deutsche Bibliothek verzeichnet diese Publikation in der Deutschen National-
bibliografie; detaillierte bibliografische Daten sind im Internet über http://dnb.d-
nb.de/ abrufbar.

Impressum:

Copyright © 2012 GRIN Verlag GmbH
Druck und Bindung: Books on Demand GmbH, Norderstedt Germany
ISBN: 978-3-656-71966-3

Dieses Buch bei GRIN:

http://www.grin.com/de/e-book/279101/analyse-der-musikalischen-exequien-von-
heinrich-schuetz-auf-elemente

GRIN - Your knowledge has value

Der GRIN Verlag publiziert seit 1998 wissenschaftliche Arbeiten von Studenten, Hochschullehrern und anderen Akademikern als eBook und gedrucktes Buch. Die Verlagswebsite www.grin.com ist die ideale Plattform zur Veröffentlichung von Hausarbeiten, Abschlussarbeiten, wissenschaftlichen Aufsätzen, Dissertationen und Fachbüchern.

Besuchen Sie uns im Internet:

http://www.grin.com/

http://www.facebook.com/grincom

http://www.twitter.com/grin_com

Georg-August-Universität Göttingen

Philosophische Fakultät

Musikwissenschaftliches Seminar

Seminar: BMus.31 Grundkurs Musikwissenschaft

Hausarbeit zum Thema:

Analyse der „Musikalischen Exequien" von Heinrich Schütz auf Elemente einer Begräbnismesse

Von Jennifer Böker

Inhalt

Die „Musikalische(n) Exequien" sind eine Kompositionsreihe von Heinrich Schütz, die von ihm anlässlich des Todes Heinrich Posthumus von Reuß komponiert wurden. Die Komposition besteht aus drei Teilen, wobei der erste eine Teutsche Begräbnismissa, der zweite eine Motette und der dritte das Nunc dimittis[1] als Doppelchor mit

„Selig sind die Toten, die in dem Herrn sterben, sie ruhen von ihrer Arbeit und ihre Werke folgen ihnen nach." [2]

ist. Diese drei Teile bilden das Gesamtwerk, könnten aber wie Schütz selbst sagt: „In diesem Musicalischen Wercklein (...) nur dreyerley Stücke oder Concert zu befinden"[3] auch als drei eigenständige Werke betrachtet werden.

Mit Schütz Bezeichnung „Teutsche Begräbnismissa" beziehungsweise „Deutsche Begräbnismesse" werde ich mich im Anschluss beschäftigen und mit der Frage, ob dies begründet geschehen ist oder ob die Bezeichnung als falsch zu bewerten ist.

Entstehungsgeschichte der „Musikalische(n) Exequien

Schütz erhielt den Kompositionsauftrag offiziell erst nach dem Tod des Fürsten von seiner Ehefrau, die vom diesem kurz vor dessen Tod über seine Begräbniswünsche in Kenntnis gesetzt worden war. Jedoch ist es wahrscheinlich, dass Reuß Schütz bereits vor seinem Tod entweder 1634 oder 1635 damit selbst beauftragte. Die Widmung Schütz: „ihrer wolseligen Gnaden bey dero lebzeiten wiederholten begehren nach in eine stille verdackte Orgel angestellet und abgesungen worden"[4] kann man unterschiedlich deuten. Entweder als wirkliches stetiges Drängen des Fürsten Schütz gegenüber zu komponieren oder, wenn das „wiederholte(..) begehren" auf „angestellet und abgesungen" bezogen wird, dass es bereits vor der ursprünglichen Uraufführung eine oder mehrere Aufführungen gab.[5]

Reuß begann mit seiner Todesvorbereitung im Jahr vor seinem Tod, also 1634 beziehungsweise 1635. Sehr wahrscheinlich ist es, dass es einen bestimmten Personenkreis gab, die an den Vorbereitungen mitgewirkt haben und den Fürsten unterstützt haben.[6] Die Vorbereitungen sind eine damals übliche Handhabung mit dem Thema Tod, die durch Luther, aber auch Moller[7] geprägt wurde und auch in der häufigen Begegnung mit dem Tod

---

[1] Vertonung des Lukas 2, 29-32, auch als Canticum Simeonis bekannt
[2] Offenbarung 14, aus 13
[3] Bolin (1989) S.206
[4] Bolin S.138
[5] Vgl. auch Breig S. 54
[6] Vgl. auch Bolin S.138
[7] Vgl. auch Steiger (1996) S. 191ff.

besonders während des Dreißigjährigen Krieges begründet liegt[8]. Der Mensch bereitet seinen Tod vor, erkennt ihn als unumgänglich an und auch als notwendigen Teil des Lebens. Dabei wird ihm bewusst, das alles in Gottes Hand liegt und sein Wort in der Bibel auch als Grundlage der „Sterbebereitung"[9] und als Trost für die Trauernden dient. Reuß ließ hierzu einen Sarg aus Kupfer fertigen und diesen mit fünfundzwanzig Bibelsprüchen und Kirchenliedstrophen beschriften. Die verwendeten Texte lassen sich zu einem Kanon von Texten zuordnen, die in der Wittenberger Reformation für den Umgang mit dem Thema Tod und Sterben in der Predigt, Seelsorge und Katechese zusammengestellt wurden.[10] Zentral am Kopfende ließ er die gängigen Auferstehungsbibelstellen: „Christus ist mein Leben, Sterben mein Gewinn"[11] und „Siehe, das ist Gottes Lamm, das der Welt Sünde trägt"[12] notieren. Als besonders interessant zu bewerten, sind auch die beiden Bibelstellen rechts und links von seinem Kopfende: „Ich weiß, das Erlöser lebt"[13] und „Herr, wenn ich nur dich habe, so frage ich nichts nach Himmel und Erde"[14]. Beide sind in erster Person Singular geschrieben und erwecken so die Assoziation, dass Reuß selbst spricht und seine Hinterbliebenen damit tröstet, dass er sich in Gottes Hand wohl fühlt.[15] Ebenso tröstend ist auch die Bibelstelle, die Reuß um den Sargdeckel herum schreiben ließ, so dass der Leser einmal um den Sarg herum laufen muss, um alle Worte lesen zu können:

„Der Gerechten Seelen sind in Gottes Hand und keine Qual rühret sie an. Für den Unständigen werden sie angesehen als stürben sie und ihr Abschied wird für eine Pein gerechnet und ihr Hinfahren für ein Verderben. Aber sie sind in Freuden"[16]

In diesem Bibelwort wird die Heilsgewissheit deutlich, die der Gläubige empfindet. Wie auch in den zuvor erwähnten Worten besteht die Tröstung für die Hinterbliebenen in der Erkenntnis eines ewigen Lebens und keiner ewigen Trennung vom Toten. Dieses Ewigkeitsdenken ist Hauptthema der Bibelstellen, neben Gedanken über die Vergänglichkeit und das Sterben, die auch in folgender Bibelstelle deutlich wird:[17]

---

[8] Vgl. auch Pickerodt (1994) S. 28
[9] Steiger S.191
[10] Koch (1996) S.183
[11] Philipper 1,21
[12] Johannes 1, 29
[13] Hiob 19, 25
[14] Psalm 73, 25
[15] Vgl. auch Bolin S.158
[16] Weisheit 3, 1-3 (Wortlaut zu Schütz Zeit vgl. Pickerodt S.36)
[17] Vgl. auch Pickerodt S. 36 sowie Breig S. 56

„Also hat Gott die Welt geliebt, dass er seinen eingeborenen Sohn gab, auf das alle, die an ihn glauben, nicht verloren werden, sondern das ewiges Leben haben."[18]

Das Wort aus dem 73. Psalm kann man als das zentrale Wort bzw. Motto der Begräbnisfeierlichkeiten bezeichnen. Einerseits durch die zentrale Stelle auf dem Sarg Reuß, andererseits durch die dreifache Verwendung in den Begräbnisfestlichkeiten: Sowohl als kurz im ersten Teil und als zweiter Teil der Exequien, als auch als Grundlage der zweiten Predigt.[19] Mit dem Wort aus Hiob und „Ich lasse dich nicht, du segnest mich denn"[20] wählte Reuß darüber hinaus auch die „Kernsprüche der Seelsorge und Predigtpraxis"[21]

Diese Bibeltexte und auch Kirchenliedstrophen verwendete Schütz dann als Textgrundlage für sein Werk. Er benutzte 21 von den 25 Worten für den ersten Teil und wie bereits erwähnt den Psalm 73 und das Canticum Simeonis für den zweiten und dritten Teil.[22] Für die Vertonung hat Reuß bestimmt, die Bibelworte und Kirchenlieder mehrstimmig zu komponieren und ein Orchester ausgeschlossen. Er wünschte eine Begleitung des Gesanges nur durch die Orgel als Continuo-Instrument.[23] Darüber setzte sich Schütz, nur zweimal hinweg. Im ersten Teil verwendete er für die Vertonung von Jesaja 26, 23[24] ein Alt-Solo und für die Verarbeitung von Hiob 19,25[25] ein Tenor-Solo, um darauf einen besonderen Schwerpunkt zu legen.

Der erste Teil der Exequien wird als teutsche Begräbnismissa bezeichnet, welches wohl erst im Nachhinein geschehen sein muss, um eine möglichst häufige Verwendung zu erreichen und in den enthaltenen Bestandteilen Kyrie[26]und Gloria[27] begründet ist.[28] Das Kyrie ist in sehr ähnlichem Wortlaut in der Vertonung von Hiob 1, 21[29] direkt zu Beginn der Exequien enthalten. Das Gloria direkt nachfolgend in der Vertonung des „Also hat Gott die Welt geliebt" und des 73. Psalm als Fortsetzung.[30] Allerdings kann man diese zwei Teile nicht als direkte Bestandteile einer Messe sehen, da es in dieser auf den genauen Wortlaut ankommt,

---

[18] Johannes 3, 16
[19] Vgl. auch Pickerodt S.34
[20] Genesis 32, 27
[21] Steiger S. 194
[22] Vgl. auch Pickerodt S. 30
[23] Vgl. auch Henze-Döhring (1994) S. 48
[24]Gehe hin, mein Volk in eine Kammer und schließ die Tür nach dir zu! Verbirge dich einen kleinen Augenblick, bis der Zorn vorrübergehe.
[25] Ich weiß, dass mein Erlöser lebt
[26] Herr, erbarme dich unser! Jesus, erbarme dich unser! Herr, erbarme dich unser!
[27] Ehre sei Gott in den Höhen
und Friede auf Erden unter den Menschen,
an denen Gott Wohlgefallen hat.
[28] Vgl. auch Breig S. 64 und Henze-Döhring S. 41
[29] Nacket bin ich von Mutterleibe kommen
[30] Bolin S. 159 und 161

der beim Kyrie zwar gegeben ist, aber im Gloria eben nicht. Daher bezeichnet Bolin diese als „Quasi-Gloria" und „Quasi-Kyrie"[31].

Der zweite Teil ist eine doppelchörige Motette nach dem Prinzip eines Dialoges. Beide Chöre wechseln sich zunächst mit dem Singen ab, um dann auch gleichzeitig zu musizieren, wobei der zweite Chor meist das Text- und auch manchmal das Notenmaterial des ersten Chors wiederholt.

Im dritten Teil verwendete Schütz erneut einen Doppelchor, der aber aufgrund der unterschiedlichen Texte und besonders der Stimmverteilung eine Besonderheit ist. Der erste Chor besteht aus einer Mezzosopran-, einer Alt-, zwei Tenor- und einer Bassstimme, die das Canticum Simeonis singen. Der zweite Chor besteht aus zwei Sopran- und einer Baritonstimme, die die bereits erwähnte Bibelstelle: „Selig sind die Toten" singen. In der Partitur ist beim zweiten Chor über den einzelnen Stimmen „Seraphim" geschrieben, welches neben der Anweisung „in die Ferne geordnet" bedeuten soll, dass diese die fernen Seelen der Verstorbenen im Gesang mit den Engeln, den Seraphinen, verkörpern. Passend hierzu verwendete Schütz höhere Stimmlagen um die Ferne zu verdeutlichen, in der sich die Toten nun selig befinden. Den Gegensatz zum zweiten bildet der erste Chor, der aus tieferen Stimmlagen besteht und die Menschen auf der Erde symbolisieren soll. Die Aufmerksamkeit der Zuhörer wird durch die Dynamikanweisung auf den Gesang der Seraphine gelenkt. Der erste Chor beginnt zunächst alleine mit der Anweisung fortiter für tapfer, doch kurz bevor der zweite Chor beginnt, ändert sich diese in submissa für sanft und leise, damit der schwächer besetzte zweite Chor in den Vordergrund treten kann. Submissa soll hier auch das Gefühl der Entfernung ausdrücken und verstärken, sowie eine gewisse Schwerelosigkeit erwecken, die die Seele des Verstorbenen hat, die sich auf dem Weg in den Himmel befindet.[32] Besonders schön zu dieser Vorstellung passt auch:

> „ Und wenn am Ende die glückliche Seele in Harmonie mit den Seraphinen das Canticum Simeonis des Chors in formalem Gegensatz zu diesem ergänzt, so scheint es, als habe die Musik selbst Körper und Seele getrennt, habe der Seele zum Verlassen des Sarges verholfen und ihr den Weg In die von ihr selbst bekundete Seligkeit gewiesen. (...)die Musicalischen Exequien (...) (leiten) den Gestorbenen aus dem Hier der Zeitlichkeit, dem sie selbst als Kunstform unterlieg(..)(en), in das Dort der Ewigkeit hinüber(...)"[33]

---

[31] Bolin S. 159
[32] Vgl. auch Johnston (1996) S. 51, Steiger S. 203
[33] Pickerodt S. 36 und 37

Schütz` Hintergründe, die zur Komposition beigetragen haben

Schütz komponierte bereits vor den „Musikalischen Exequien" Begräbnismusik anlässlich von Todesfällen in seiner Bekanntenkreis und seiner Familie. Dazu wählte er „den Ton tiefer Resignation (…), um seiner Betroffenheit und Trauer Ausdruck zu verleihen."[34] Gerade in den Jahren vor der Komposition der Exequien starben einige aus Schütz Umfeld. Begonnen hat die Reihe 1625 mit dem Tod seiner Schwägerin Anna Maria Wildeck und seiner Frau Magdalena Wildeck. Zu seiner Schwägerin scheint Schütz ein besonderes Verhältnis gehabt zu haben, denn er komponierte für die Bestattung „De Vitae Fug(ac)itate- Ich hab mein Sach Gott heimgestellt"[35] und schrieb dazu „Aus condolentz in die Music vbersetzet"[36]. Im Jahr 1634/35 arbeitete er an einer Umgestaltung der Aria zu einem Konzert, dass er in seine Geistlichen Konzerte integrieren wollte. Da er zu dieser Zeit den Kompositionsauftrag für die „Musikalische(n) Exequien" bekommen haben muss, liegt der Gedanke einer Beeinflussung nahe. Besonders im Vergleich der beiden Kompositionen werden einige Gemeinsamkeiten deutlich. Dass es sich in beiden Fällen um Funeralkompositionen handelt, die aber nicht nur das Leid aufzeigen, sondern auch die Freude im Leben und Sterben eines Christen, zeigt, dass sich Heinrich Schütz an der lutherischen Auffassung orientierte und den Tod als freudiges Ereignis darstellt im Bezug auf das folgende ewige Leben. Eine weitere Gemeinsamkeit ist die Exegese der Liedtexte während der Komposition. Auch die Besetzung ähnelt sich sehr. In beiden Kompositionen ist die Orgel, das einzige begleitende Instrument. Im selben Jahr verstirbt auch sein Student Jacob Schultes, dem er seine Komposition „Ultima verba Psalmi 23" widmet. Auch als sein Freund Johann Hermann Schein 1630 starb, komponierte Schütz die Begräbnismusik, eine Motette auf Scheins Wunsch. Im nächsten Jahr verlor Schütz erst seinen Vater und dann seinen Schwiegervater. Schütz erfuhr von den Todesfällen verzögert, da er sich auf Reisen befand. Bis zum Tod Reuß 1635, zu dem Schütz ein freundschaftliches Verhältnis hatte, starben noch sein Freund und Förderer Moritz von Hessen 1632, sein Bruder Valerius Schütz 1632, seine Schwiegermutter 1633, seine Mutter 1635 und sein Studienfreund Christoph Cornett 1635. Angesichts dieser Häufung von Todesfällen in Schütz Leben, die leider aufgrund des Dreißigjährigen Krieges und den daraus resultierenden Pocken- und Pestseuchen häufig Realität waren, ist dort die Begründung für die Intensität der „Musikalische(n) Exequien" zu finden. Durch Schütz häufige Begegnung mit dem Tod ist in ihm ein ebenso tiefer Glaube an Gott und an das Ewige Leben entstanden, wie ihn Reuß bei der Beschriftung seines Sarges bewiesen hat. So wurde aus den

---

[34] Bolin S. 141
[35] Schlu Internetartikel
[36] Bolin S. 141

„Musikalischen Exequien" ein Werk, dass genau die Bestimmung eines tröstenden Mediums erfüllt und eine „therapeutische Komponente"[37] beinhaltet.[38]

Der Tod Reuß und die erste Aufführung der Exequien

Am 03.Dezember 1635 starb Reuß und wurde einbalsamiert in der Kapelle von Schloss Osterstein aufgebahrt. Die erste Begräbnisfeier fand dann am 02.02. 1636 dort durch den Hofprediger Bartholomäus Schwartz statt. Dieser Begräbnisfeier lag das Canticum Simeonis zugrunde, welches auch Teil der Bibelsprüche auf dem Sarg Reuß war:

> „Herr, nun lässest du deinen Diener in Frieden fahren, wie du gesagt hast; denn meine Augen haben deinen Heiland gesehen, den du bereitet hast vor allen Völkern, ein Licht, zu erleuchten die Heiden und zum Preis deines Volkes Israel."[39]

Mittelpunkt dieser Feier war die Erkenntnis, dass es das Sterben unausweichlich gibt und aber um das Erbarmen Gottes gebeten wird, um diesen zu ertragen und ewig zu leben.

Die zweite Begräbnisfeier fand dann zwei Tage später am 04.02.1636 statt, nachdem der Leichnam des Fürsten in die Johanniskirche, in der sich die Familiengrabstätte der Familie Reuß befand, überführt worden war. Diese Begräbnisfeier wurde vom damaligen Superintendenten Christoph Richter geleitet. Grundlage hierfür war der 73. Psalm, von dem auch auf dem Sarg die Verse 25 und 26 stehen:

> „Herr, wenn ich nur dich habe, so frage ich nichts nach Himmel und Erde. Wenn mir gleich Leib und Seele verschmachtet, so bist du doch, Gott, allezeit meines Herzens Trost und mein Teil."[40]

Teil dieser Feier waren dann auch die „Musikalische(n) Exequien", die zusammen mit einigen Gemeindeliedern, die musikalische Untermalung bildeten. Bevor Richter anfing zu predigen, wurde zunächst der erste Teil musiziert, als Einleitung. Nach der Predigt folgten dann nacheinander die anderen beiden Teile. Während und nach der Beisetzung sang dann die Trauergemeinde.

Die dritte Begräbnisfeier fand dann am 07.02.1636 wieder in der Kapelle von Schloss Osterstein mit Bartholomäus Schwartz unter dem Bibelwort: „Nun, Herr, wessen soll ich mich trösten? Ich hoffe auf dich."[41] statt. Darüber hinaus griff Schwartz den dritten Teil der

---

[37] Bolin S. 153
[38] Kapitel vgl. Bolin S. 141-44
[39] Lukas 2, 29-32
[40] Psalm 73, 25-26
[41] Psalm 39, 8

Exequien auf und verwendete das Wort aus der Offenbarung um den Trauernden noch einen Gedanken des Trostes zu geben.

An diesen Begräbnisfeierlichkeiten ist vor allem die Präsenz des Fürsten faszinierend. Anders als bei sonstigen Begräbnissen ist Reuß nicht nur als Leichnam im Sarg präsent, sondern darüber hinaus auch in der Vorbereitung der Feiern, im Sarg mit den Bibelsprüchen und den Kirchenliedern, in den Exequien, deren Texte er beeinflusst hat und in dem dritten Teil im Doppelchor. Dort ist die Vorstellung nahe, dass er im Chor der Seraphine mitsingt und so präsent ist.[42]

Bezeichnung als Begräbnismesse

1636 wurden die „Musikalische(n) Exequien" dann gedruckt mit einer Widmung an die Witwe und ihre Söhne, sowie mit einem Gedicht an den verstorbenen Fürsten.[43] Es ist anzunehmen, dass die Druckausgabe und das Orginalwerk beim Begräbnis nahezu identisch sind. Funktion der Druckausgabe ist neben der Dokumentation und dem Beweis der Einhaltung von Reuß Wünschen für die Komposition, auch die Verbreitung dieser, damit sie noch öfter aufgeführt werden kann, auch nach Schütz Tod. Da es sich aber bei diesem, besonders beim ersten Teil, um ein stark personalisiertes und spezielles Werk handelt und daran angeschlossen nur begrenzte Aufführungsmöglichkeiten vorhanden sind, versuchte Schütz durch die Bezeichnung deutsche Begräbnismesse dem Werk eine Verwendung auch während des Gottesdienstes zu ermöglichen. Wie bereits zuvor erwähnt, lässt sich die Bezeichnung deutsche Begräbnismesse durch die Verwendung von Kyrie und Gloria erklären. Jedoch besteht die Möglichkeit, dass diese erst nach dem Begräbnis hinzugefügt wurde und dann erstmals in der Druckausgabe Teil war, wegen der größeren Verwendungsmöglichkeit.[44] Allerdings ist es sehr interessant, dass Schütz für sein Werk den Begriff „Exequien" und auch „Begräbnismesse" verwendete und später auch von einem „Requiem" gesprochen wurde, die alle ausschließlich katholisch geprägt sind und nur für katholische Begräbnisse verwendet wurden. Heinrich Posthumus Reuß und Schütz selbst sind jedoch Protestanten. Der Begriff „Deutsche Messe" hingegen bezeichnet eine Messe für Protestanten nach lutherischer Glaubensauffassung, also in konfessionaler Hinsicht zutreffend. Für die Bezeichnung als Deutsche Messe würde auch die Verwendung von sehr vielen Bibelstellen sprechen, die zu der theologischen Aussage der evangelischen Kirche zu Sterben und Auferstehung gehören.

---

[42] Vgl. auch Pickerodt S.30-31
[43] Siehe Anhang
[44] Vgl. auch Breig, S. 62-65

Besonders die zentrale Aussage „ Ich weiß, dass mein Erlöser lebt"[45] wird durch die Besetzung als Tenorsolo besonders hervorgehoben.[46] Allerdings könnte man die Gattungsbegriffe auch etwas flexibler gestalten, da es immer wieder Ausnahmen von bestehenden „Dogmen" geben kann. Wenn man die „Musikalische(n) Exequien" als Anfang einer neuen Auffassung von Begräbnismusik sieht, ist es durchaus legitim für ein protestantisches Werk einen katholisch geprägten Begriff zu verwenden. Man könnte die Begriffe „Unikum einer Totenmesse innerhalb der protestantischen Messenliteratur", „Lehrstück", „Muster eines evangelischen Requiems" oder „erstes deutsches Requiem"[47] verwenden. Gegen eine Bezeichnung als „erstes deutsches Requiem" würde aber sprechen, dass es sich nicht um einen Anfang mit den Exequien handeln, sondern um eine Fortführung einer bereits bestehenden Tradition. Auch die eher kleinflächige Verbreitung der „Musikalische(n) Exequien" und die daraus resultierenden seltenen Aufführungen sprechen gegen eine Verwendung des Begriffs „Requiem". [48]

Letztendlich halte ich eine Bezeichnung als Begräbnismesse, Totenmesse oder Requiem für sehr treffend, da mit dem Kyrie und dem Gloria-ähnlichen Teil deutliche Bestandteile einer Messe vorhanden sind und der theologische Inhalt einer Messe: Aufzeigen des friedlichen ewigen Lebens nach dem Tod bei Gott ebenfalls behandelt wird. Dabei halte ich es für falsch die begrenzte Aufführungsanzahl als Hinderungsgrund zu bezeichnen, da es eine große Anzahl von Requien oder ähnlichen Werken gibt und diese auch nicht, wie beispielsweise der „Messias", zu jeder Gelegenheit angemessen sind. Dazu kommt, dass die „Musikalische(n) Exequien" ziemlich unbekannt sind und so von bekannteren Kompositionen wie beispielsweise „Ein deutsches Requiem" von Johannes Brahms oder „Requiem in d-Moll" von Wolfgang Amadeus Mozart verdrängt werden. Was sehr schade ist, denn ich würde so weit gehen die „Musikalische(n) Exequien" theologisch als deutlich intensiver als beispielsweise das Requiem von Duruflé, das ich kenne, zu bezeichnen, da der klassische textliche Bestandteil der Requien sehr begrenzt ist, während Schütz durch die Vielfalt an Texten dem Zuhörer ein viel ausführlicheres Bild des Lebens nach dem Tod aufzeigt und von ihnen, verbunden mit der Musik, eine starke tröstende Komponente ausgeht, die man, auch wenn man sich gerade in keiner Trauerphase befindet, sehr deutlich spüren kann. So möchte ich die Exequien als eine ganz besondere Komposition bezeichnen und mich der Meinung Bolins:

---

[45] Hiob 19, 25,26
[46] Vgl. Auch Bolin S. 166 ff.
[47] Alle Bolin S. 212
[48] Vgl. auch Bolin S. 215 f.

„ (Sie sind eine) Einmaligkeit (…) in der gesamten Tradition der evangelischen Begräbniskomposition"[49] ausdrücklich anschließen.

---

[49] Bolin S. 140

Bibliographie

Musikalien:

1. Schütz, Heinrich: *Musikalische Exequien.* Hrsg. Von Graulich, Günter und Paul Horn. Stuttgart: Carus-Verlag 1973/1992

Schrifttum:

2. Pickerodt, Gerhart: Der tönende Sarg. Heinrich Schütz´ „Musikalischen Exequien" im Ereigniszusammenhang eines Fürsten-Todes In: *Schütz-Jahrbuch 16.* Kassel: Bärenreiter-Verlag 1994 S.27-37

3. Breig, Werner: Heinrich Schütz`„ Musikalische Exequien". Überlegungen zur Werkgeschichte und zur textlich-musikalischen Konzeption In: *Schütz-Jahrbuch 11.* Kassel: Bärenreiter-Verlag 1989, S. 53-68

4. Stein, Ingeborg: *Christus, dir lebe ich. Die Sterbenserinnerung des Heinrich Posthumus Reuss in Musik versetzt durch Heinrich Schütz,* 1.Auflage. Bad Köstritz : Forschungs- und Gedenkstätte Heinrich-Schütz-Haus Bad Köstritz 1998

5. Breig, Werner. „Schütz, Heinrich", In: *Die Musik in Geschichte und Gegenwart.* 2.Ausgabe.hrsg. Ludwig Finscher. Personenteil Band 15. Kassel: Bärenreiter-Verlag 2006. 358-409

6. Henze-Döhring, Sabine: Schütz´„Musikalische Exequien". Die kompositorische Dispositon der „Sarginschriften" und ihr liturgischer Kontext In: *Schütz-Jahrbuch 16.* Kassel: Bärenreiter-Verlag 1994, S.39-48

7. Johnston, Gregory S.: „Unterm Geleut aller Glocken": Die Klangwelt bei Leichenzügen und Begräbnissen der deutschen protestantischen Kirche des 17. Jahrhunderts In: Stein, Ingeborg (Hg.): *Sonderreihe Monographien Band 4.Diesseits- und Jenseitsvorstellungen im 17. Jahrhundert : interdisziplinäres Kolloquium vom 3. - 5.2.1995* .Jena: quartus-Verlag 1996, S.47-52

8. Müller, Anke: Heinrich Posthumus Reuss- Verwirklichung eines Lebenskonzeptes zwischen Tradition und Gegenwart In: Stein, Ingeborg (Hg.): *Sonderreihe Monographien Band 4. Diesseits- und Jenseitsvorstellungen im 17. Jahrhundert : interdisziplinäres Kolloquium vom 3. - 5.2.1995* .Jena: quartus-Verlag 1996, S. 168-179

9. Koch, Ernst: Beobachtungen zum theologischen und frömmigkeits-geschichtlichen Kontext der Musikalischen Exequien von Heinrich Schütz In: Stein, Ingeborg (Hg.): *Sonderreihe Monographien Band 4.* Auflage, Bad Köstritz: Verlag Jahr, S. 180-188

10. Steiger, Renate: „Der Gerechten Seelen sind in Gottes Hand" Der Sarg des Heinrich Posthumus Reuss als Zeugnis lutherischer Ars Moriendi In: Stein, Ingeborg (Hg.): *Sonderreihe Monographien Band 4. Diesseits- und Jenseitsvorstellungen im 17. Jahrhundert : interdisziplinäres Kolloquium vom 3. - 5.2.1995*.Jena: quartus-Verlag 1996, S. 189- 212

11. Heinemann, Michael: *Heinrich Schütz und seine Zeit*. Laaber: Laaber-Verlag 1993

12. Bolin, Norbert: *"Sterben ist mein Gewinn" (Phil 1,21) : ein Beitrag zur evangelischen Funeralkomposition der deutschen Sepulkralkultur des Barock.* Kassel: Arbeitsgemeinschaft Friedhof und Denkmal 1989, S. 138-228

13. Karg, Heike: *Sonderreihe Monographien Band 5. Die Sterbens-Erinnerung des Heinrich Posthumus Reuss (1572 - 1635) : Konzeption seines Leich-Prozesses.* 1.Auflage.Jena: quartus-Verlag 1997

14. *Elberfelder Bibel*. 3. Auflage der Taschenbuchausgabe. Witten und Dillenburg: SCM R. Brockhaus und Christliche Verlagsgesellschaft 2011

15. ERF Online & Deutsche Bibelgesellschaft, Stiftung Christliche Medien, Brunnen-Verlag, Genfer Bibelgesellschaft, Katholisches Bibelwerk, Crossway, Biblica, ERF Medien Schweiz, TWR (2012).*Die Bibel. Luther 1984*, Online im Internet. URL: http://www.bibleserver.com/(Stand: 2012)

16. Unbekannt (Datum unbekannt). *Entstehung Musikalische Exequien SWV 279-281* u.a., Online im Internet.URL: http://www.heinrich-schuetz-haus.de/swv/daten/daten_swv_279-281.htm (Stand unbekannt)

17. Schlu, Martin (2005/06). *Heinrich Schütz 1585-1672 Übersicht,* Online im Internet.URL:www.martinschlu.de/kulturgeschichte/barock/fruehbarock /schuetz/start.htm (Stand: 2005/06)

Anhang

„Widmung Musikalische Exequien SWV 279 - 281

An Heinrich den Jüngeren Posthumus von Rheuß (Gedicht)

An den
Christ~Seligst verstorbenen / Hochwolgebornen Herrn /
Herrn Heinrichen / den Jüngern vnd Eltisten Reußen /
Herrn von Plauen / etc.
WAr es denn nicht genug an dieser Straff vnd Ruhte /
Mit der / der höchste GOtt vns / aus gerechtem Muhte /
Umb vnsre schwere Sünd / vnd grosse Missethat /
Durch der Bellonen Grimm biß her gesteupet hat;
Indem was gutes nur war vormals angerichtet /
Nun lieget gantz vnd gar zertreten vnd zernichtet /
All` Ordnung ist zertrennt / Gesetze sind verkehrt /
Die Schulen sind verwüst / die Kirchen sind zerstört?
Daß eben auch darzu diß Vnglück muste kommen /
Daß Ihr / O wehrter Held / vns würdet hingenommen
Durchs Todes Wüterey / in der so trüben Zeit /
Vnd mehren vns dadurch so sehr die Noht vnd Leid?
Der Ihr den Musen wart jhr Schirm / Schutz / Freud vnd Wonne /
Der Ihr der Gottesfurcht wart eine helle Sonne /
Der Ihr habt Schulen neu- vnd Kirchen aufferbaut /
Vnd sie bestellet wol / vnd embsig zugeschaut /
Damit der Gottesdienst werd ohne falsch geführet /
Vnd mit Gesang vnd Klang auffs lieblichste gezieret /
Der Ihr / wie David selbst auch eure Zung vnd Hand /
Durch gantz kunstreichen Schall / erhoben vnd gewandt
Zu GOttes Ehr und Preiß / mit andern Musicanten /
Die Ihr geliebt so sehr / daß solcher Kunst Verwanten
Vier tausend gleichfals Ihr euch hättet auch bestellt /†)
Wann Ihr gewesen wärt jhm gleich am Gutt vnd Gelt.
Was soll ich melden hier, wie mein geringes Singen
Vnd Bäuerischen Thon / Ihr auch den schönsten Dingen
Zuachten pflaget gleich / vnd welche Huld und Gunst /
Vnd was für Woltaht Ihr mir wegen solcher Kunst /
Erwiesen offtermals: bevorauß weil genommen
Ich meinen Vrsprung hat / vnd auff die Welt war kommen
In euer Herrschaft Grund / in dem Ihrs selbst für Ehr
Euch hieltet / vnd darümb mich liebtet desto mehr.
Nun aber seyd Ihr hin von vns gerissen worden:
Jedoch Ihr euch befindt dort in dem Meister Orden
Deß himmelischen Chors / wo Usaph immerdar /
Sampt Heman / Jedithun vnd andrer Sänger Schaar /
Den dreimahl Heilgen GOTT lobsingen / rühmen / preisen /
Durch wundersüssen Thon / vnd allerschönste weisen /
Mit welchen Ihr zugleich auch eure Stimm erschwingt /
Vnd zu desselben Lob ein neues Lied erklingt.
Wolan / ergetzet Euch in solcher Lust vnd Freuden;
Wenn mir verhelffen wird daß dieser Angst vnd Leiden

Auch GOtt an solchen Ort / daselbst zuwohnen bey
Der Ausserwehlten Schaar / vnd Himmels~Cantorey;
So wollen wir zugleich auff Engelische Weisen /
Mit sampt den Cherubin vnd Seraphin hoch~preisen
Der Höchsten für vnd für / vnd singen: Heilig GOtt / **)
Ja Heilig / Heilig sey der grosse Zebaoht. ††)
Wir wollen mit dem Chor der vier vnd zwantzig Alten /
Die ümb deß Lammes Stuhl / in lieblichsten gestalten
Dort haben ihre Sitz / einstimmen gleicher weis /
Vnd singen: Dir O HErr gebühret Krafft vnd Preiß.***)
Ja mit dem grossen Heer von viel~viel tausend Scharen /
Zusingen wollen wir in Ewigkeit fortfahren:
Das Lamb höchstwürdig ist zunemen / mehr vnd mehr /†††)
Krafft / Weißheit / Reichthumb / Stärck / vnd Lob / vnd Preiß vnd Ehr.
Indeß seht günstig an / was meine Musen schencken
Euch wollen hier zu letzt / zum Ehren angedencken /
Vnd achtet / weil es ist gar schlechtlich zu bereit /
Daß es geschehen sey noch in der sterblichkeit.
Heinrich Schütz.

†) 1. Chron. 24.5.
*) Kösteritz / eine Meil weges von Gera
**) Es. 4.4.
††) Apoc. 4.8.
***) Apoc. 4.11.
†††) Apoc. 5.12.

[in: Erich H. MÜLLER: Heinrich Schütz. Gesammelte Briefe und Schriften, Regensburg o. J.
(1930), S. 128 - 130]"[50]

---

[50] Entnommen: Heinrich-Schütz-Haus Internetpräsenz